BEI GRIN MACHT SICH IHR
WISSEN BEZAHLT

- Wir veröffentlichen Ihre Hausarbeit,
  Bachelor- und Masterarbeit

- Ihr eigenes eBook und Buch -
  weltweit in allen wichtigen Shops

- Verdienen Sie an jedem Verkauf

Jetzt bei www.GRIN.com hochladen
und kostenlos publizieren

Bibliografische Information der Deutschen Nationalbibliothek:

Die Deutsche Bibliothek verzeichnet diese Publikation in der Deutschen National-
bibliografie; detaillierte bibliografische Daten sind im Internet über http://dnb.d-
nb.de/ abrufbar.

Dieses Werk sowie alle darin enthaltenen einzelnen Beiträge und Abbildungen
sind urheberrechtlich geschützt. Jede Verwertung, die nicht ausdrücklich vom
Urheberrechtsschutz zugelassen ist, bedarf der vorherigen Zustimmung des Verla-
ges. Das gilt insbesondere für Vervielfältigungen, Bearbeitungen, Übersetzungen,
Mikroverfilmungen, Auswertungen durch Datenbanken und für die Einspeicherung
und Verarbeitung in elektronische Systeme. Alle Rechte, auch die des auszugsweisen
Nachdrucks, der fotomechanischen Wiedergabe (einschließlich Mikrokopie) sowie
der Auswertung durch Datenbanken oder ähnliche Einrichtungen, vorbehalten.

Impressum:

Copyright © 2014 GRIN Verlag
Druck und Bindung: Books on Demand GmbH, Norderstedt Germany
ISBN: 9783668719767

Dieses Buch bei GRIN:

https://www.grin.com/document/426217

Anonym

Preismanagement und Kooperation. Strategische Analysemethoden

GRIN Verlag

Deutsche Hochschule für

Prävention und Gesundheitsmanagement

Hermann Neuberger Sportschule 3

66123 Saarbrücken

Einsendeaufgabe

Fachmodul: Marketing 2

Studiengang: BFÖ

Datum
Präsenzphase   03.07.2017-06.07.2017

Studienort: **Stuttgart**

Semester: **SS 2014**

Inhaltsverzeichnis

1 Preismanagement und Kooperationen

1.1 Preiselastizität der Nachfrage

Preiselastizizät der Nachfrage:

5 € : 34,90 € * 100 = 14,32 %

300 Mitglieder : 2600 Mitglieder * 100 = 11,53%

Elastizität = 11,53 % : 14,32 % = **0,80**

$\varepsilon < 1$ **bedeutet, dass die Nachfrage unelastisch ist.** Dies bedeutet, dass eine Preisänderung bzw. Erhöhung des Preises eine geringe Auswirkung auf die Nachfrage hat. Daraus lässt sich ableiten, dass die Anlagen der X&Y Health GmbH gefragt sind, und die Nachfrage bei einer Preiserhöhung nur gering zum erliegen kommt. Daher ist dem Unternehmen zu empfehlen, diese Nachfragesituation zu Nutzen und den Preis zu erhöhen, um langfristig hohe Gewinne zu erzielen.

1.2 Preisbildung

1.2.1 Anlässe der Preisbildung

Die Hauptaufgabe der Preisbildung ist es, den Preis zu finden, bei dem das Unternehmen den höchstmöglichen Gewinn erzielt (Schlaffke & Plünnecke, S. 154). Jedoch kann nur Umsatz und darauf auch Gewinn erwirtschaftet werden, wenn das Produkt überhaupt nachgefragt und gekauft wird, daher gilt es den idealen Preis zu finden. Der Kunde kauft, wenn für ihn der Nettonutzen, also die Differenz aus dem Produkt oder der Leistung verbundenen subjektiven Nutzen abzüglich des Preises, für ihn positiv ist und für ihn den höchstmöglichen wahrgenommenen Nettonutzen bringt (Schlaffke & Plünnecke, S. 154). Hier kann die Strategie der Marktdurchdringung angewendet werden um durch die Intensivierung des persönlichen Verkaufs den Nutzen beim Verkaufsgespräch für den Kunden deutlich zu machen. Durch die Steigerung der Verwendung bei bisherigen Kunden wie bei Neukunden kann auch eine Erhöhung des Nettonutzens geschaffen werden, als eine Form der „künstlichen Preissenkung". Während der Preis gleich bleibt, erhöht sich der Nutzen der Anlage für die Kunden.

1.2.2 Kostenorientierte Preisbildung

Folgende Informationen sind bereits gegeben:

Fixkosten für neue Anlage = 950,000€ pro Jahr oder 79,166,67€ pro Monat

Mitgliederanzahl von 2700

Variable Kosten pro Person und pro Monat von 10,50 €

Angesetzter Gewinnzuschlag der X&Y Health GmbH von 25%

Mit folgender Rechnung kann nun der endgültige Brutto-Mitgliederbeitrag pro Monat berechnet werden:

variable Kosten + fixe Kosten = Stückkosten (Netto)

10,50 + 29,32 = 39,82

Brutto Stückkosten = Netto Stückkosten * 1,19

39,82 * 1,19 = 47,39

Preis mit Gewinnaufschlag von 25% = 63,19 €

Daraus resultiert ein Gewinn von 15,80 € pro Person pro Monat oder insgesamt von 42,660€ Gewinn insgesamt pro Monat.

1.2.3 Konkurrenzorientierte Preisbildung

Bei der Preisbildung durch Orientierung an Marktpreisen, orientiert sich das Unternehmen an den Preisen, die die Wettbewerber für dieselben Produkte bzw. Dienstleistungen am Markt verlangen (Schlaffke & Plünnecke, S. 170). Jedoch fließen in die Preisentscheidung noch weitere Faktoren ein wie z.B. die psychologischen Auswirkungen, der Einfluss anderer Elemente des Marketing-Mix und die preispolitischen Grundsätze des Unternehmens (Schlaffke & Plünnecke, S. 172). So gilt der Preis für viele Kunden als Qualitätsindikator (Schlaffke & Plünnecke, S. 172). Um seinen Kunden weiterhin noch Qualität zu übermitteln, auch wenn die Konkurrenz gleich positioniert ist, sollte die

Dienstleistung weiterhin zum bestehenden bzw. geplanten Preis verkauft werden. Um weiterhin für Neukunden attraktiv zu bleiben, können Änderungen in der Kommunikationspolitik vorgenommen werden. Das Unternehmen hat weiterhin die Möglichkeit, ein Alleinstellungsmerkmal als Verkaufsargument zu formulieren.

2 Strategische Analysemethoden

2.1 Five Forces-Modell nach Porter

Nach Porter wirken fünf Wettbewerbskräfte auf ein Unternehmen: die Verhandlungsstärke der Lieferanten, Bedrohung durch neue Anbieter, Die Verhandlungsstärke der Abnehmer, Bedrohung durch Ersatzprodukte und Rivalität der Wettbewerber einer Branche (Schlaffke & Plünnecke, S.17).

Bedrohung durch neue Anbieter

Es entstehen immer weitere neue Trends in der Fitnessbranche. Um mit den neuen Anbietern mithalten zu können, ziehen auch die Fitnessanlagen mit. Die Angebote der Anlagen werden auf die neuen Trends angepasst, sei es mit neuen Geräten oder Functional Fitness Angeboten.

Verhandlungsstärke der Abnehmer

Letztendlich haben die Kunden die höchste Macht, wenn es um das Produkt Fitness geht. Wird die Dienstleistung nicht mehr gekauft, müssen sich die Unternehmen neue Strategien einfallen lassen. Sei es eine marketingtechnische Änderung in der Kommunikationspolitik oder gar Änderungen in der Preispolitik. Der durchschnittliche Mitgliedsbeitrag pro Monat sinkt seit Jahren immer weiter, was Unternehmen unter druck setzt mitziehen zu müssen um noch am Markt zu bestehen.

Verhandlungsstärke der Lieferanten

Dadurch, dass Fitness First einen hohen Bekanntheitsgrad hat und viele Mitglieder im Verhältnis zur Anlagenanzahl hat, kann auch Fitness First Einfluss auf die Lieferanten haben. Fitness First bietet einen eigenen Online Shop an, in welchem Produkte wie Fitnessbekleidung und Gadgets rabattiert erhältlich sind.

Bedrohung durch Ersatzprodukte

Das Fitnesstraining bringt einige gesundheitliche wie auch ästhetische Vorteile mit sich. Der Nachteil: die Mitgliedschaft in einer Anlage ist Standortgebunden. Die Digitalisierung hebt das Problem auf, somit ist es auch möglich, zu jeder Zeit an jedem Ort zu trainieren. Fitness First hat das Problem erkannt und erfolgreich mit einem eigenen Produkt im Bereich Online Fitness die Kunden für sich gewonnen. Mit dem Programmen „new moove" hat Fitness First ein eigenes Ersatzprodukt geschaffen, für die Kunden, welche sich nicht in ihrer Anlage anmelden.

Wettbewerber einer Branche

Da die Zahl der Anlagen steigt, gibt es in der Branche auch immer mehr Wettbewerber. Dies wird durch das hohe Angebot bei Fitnessfirst versucht zu kompensieren. Von Kursen über Wellness bis Personaltraining bietet Fitness First alles an.

2.2 Durchführung einer SWOT-Analyse

Tabelle 1: Durchführung einer SWOT-Analyse

Stärken	Schwächen
- großes Angebot, so gut wie jede Zielgruppe kann abgedeckt werden	- Personal Training wird als „Kernangebot" auf der Homepage dargestellt, das Angebot wird ziemlich zentral auf der Homepage dargestellt, was Kunden abschrecken könnte aufgrund der zusätzlichen Gebühren.
- Fitness First geht mit der Zeit mit und bieten das Online-Trainingsprogramm „new moove" an	- Preispolitik, größtenteils im „mittleren Preissegment", keine Differenzierung zwischen einem Discountanbieter und einem Premiumanbieter.
- hoher Bekanntheitsgrad	
Chancen	Risiken
- weiterer Ausbau im Bereich Online-Fitness	- Geld-Zurück-Garantie, Risiko einer hohen Kündigungsquote
- zunehmendes Körperbewusstsein, steigende Reaktionsquote in Deutschland	- kein USP durch „Überangebot"
- Fitness-First belegte den 1. Platz in 3 Kategorien beim Deutschen Institut für Service-Qualität, dadurch die Möglichkeit mit Qualität zu werben und sich von Konkurrenten mit ähnlichem Angebot aber niedrigerem Preis abzuheben.	

2.3 Erstellung einer SWOT-Matrix

Tabelle 2: SWOT-Matrix

	Chancen (Opportunities)	Risiken (Threats)
Stärken (Strength)	S-O-Strategie Aufsetzen auf new moove für die Ausbreitung des Online Angebots.	S-T-Strategie Mit großem Angebot und starkem Service versuchen die sogenannten Testmitgleider der Geld-Zurück-Garantie-Aktion langfristig binden.
Schwächen (Weakness)	W-O-Strategie Umstrukturierung der Homepage um neue Mitglieder der körperbewussten Bewegung zu gewinnen.	W-T-Strategie Schaffung eines USPs durch Anpassung der Kommunikationspolitik.

3 Corporate Identity

3.1 Interview-Analyse

3.1.1 Sechs Anzeichen einer überarbeiteten CI bei Kieser Training

Bestandteile einer Corporate Identity sind das Corporate Design, die Corporate Communication und das Corporate Behaviour. In jedem Bereich hat Kieser Training eine Überarbeitung der Corporate Identity vorgenommen.

Corporate Design

Unternehmensfarben

Kieser änderte die Unternehmensfarben: die vorherigen Farben grau und gelb wurden durch blau ersetzt.

Logo

Die Unternehmensfarben wurden auch im Logo umgesetzt.

Corporate Communication

Werbeträger

Es wurde ein Bestellsystem für Werbeelemente für alle Kieser-Training-Betriebe in der DACH-Region erstellt.

Werbemittelgestaltung

Es wurden zusätzlich die sozialen Medien zur Werbemittelgestaltung eingesetzt.

Slogan

Aus dem Slogan „Ein starker Rücken kennt keinen Schmerz" wurde „Ja zu einem starken Körper".

Corporate Behaviour

Konferenzstil

Zur Neuausrichtung gehörte für Kieser auch das Employer Branding: die Belegschaft wurde bei einem internen Kick-off über das neue Marketingkonzept und die Umsetzung gebrieft.

3.1.2 Gründe für die neue Ausrichtung der CI bei Kieser Training

Imageänderung

Sollte ein Unternehmen mit einem Image zu kämpfen haben, welches das Unternehmen eigentlich nicht widerspiegelt, wird es Zeit für die Änderung des Images durch die Neuausrichtung der Corporate Identiy. Dies trifft auf Kieser-Training zu, da potenzielle Kunden Kieser-Training mit Training für ältere und kranke Leute assoziiert haben, wobei Kieser-Training durchaus auch eine breitere Kundenschicht mit ihrem Angebot ansprechen kann.

Eine breitere Kundenschicht ansprechen

Die Corporate Identiy kann geändert werden, um eine breitere Kundenschicht anzusprechen um mehr Neukunden zu gewinnen. Durch die Änderung der Corporate Identiy soll ein neues Bild bei den potenziellen Neukunden im Kopf geschaffen werden, sodass das Unternehmen auch für eine breitere Kundenschicht attraktiv ist.

Abgrenzung

Um eben nicht als Trainingsstätte für alte und kranke Menschen assoziiert zu werden, möchte sich Kieser-Training von solchen Abgrenzen. Genau so auch das Preis- und Qualitätsangebot: Kieser-Training wurde durch die vorherige Farbwahl von grau und gelb mit einem Discounter assoziiert, wobei Kieser-Training kein Discountstudio ist.

Als allgemeiner Grund gilt also in dem Fall, die Abgrenzung von anderen Mitbewerbern, mit welchen man nicht assoziiert werden möchte, sei es in diesem Fall ein Discountunternehmen oder eine Rehapraxis.

Modernisierung

Mit der Zeit verändert sich das Kaufverhalten und die Technik: es müssen neue Werbungen geschaffen werden, um die Kunden für Kieser-Training zu begeistern. Genau so ändern sich auch Werbemittelträger: neben den Printmedien und Plakaten erreicht man heutzutage eine große Meschenmenge über soziale Medien.

3.1.3 Weitere Unternehmen mit Veränderungen der CI

Tabelle 3: Weitere Unternehmen mit Veränderungen der CI

Unternehmen	Veränderungen	Beweggründe
Yves Rocher (Yves Rocher, Presseinformation, n.d.)	„In Typographie, Farbe und Ausdruck präsentiert sich das Yves Rocher-Logo völlig neu. Seine bisherige Verspieltheit ist einer Klarheit und Einfachheit gewichten:"	- die neue Markenidentität soll die Werte des Gründers sichtbar machen
Vodafone (PAGE, 2013)	„Wir wollten Vodafone als Marke einen neuen Anstrich geben und haben lange daran gefeilt, wie wir das schaffen ohne die klare Handschrift von Vodafone zu verlieren. Der so genannte»Tetris«, also das rote Rechteck, das bisher als Key Visual diente, ist in einer Zeit entstanden, in der es primär Print-Visuals gab. Für die digitale Welt ist er nicht optimal nutzbar. Wir mussten uns also den neuen medialen Gegebenheiten anpassen und wollten gleichzeitig etwas Spielerisches, Frisches schaffen" (Anne Stilling im Interview mit dem Magazin PAGE, 2013).	- Anpassungen an die Änderungen von Werbeauftritten an die digitale Welt. Werbung und Kommunikation sind beweglicher geworden (PAGE, 2013)
Mercedes-Benz (corporate identity portal, 2007)	Mercedes-Benz hat das Erscheinungsbild der Marke für alle Kommunikationsmaterialien durch ein neues Design grundlegend überarbeitet. (corporate identity portal, 2007).	- geschärfte Markenpositionierung - die neue Bildsprache soll die Markenpersönlichkeit reflektieren
Opel (corporate identity portal, 2009)	- neues Logo mit neuem Markenclaim „Wir leben Autos"	- Opel möchte damit den Anspruch zeigen, den er an sich selbst richtet : Opel ist mit ganzem Herzen bei der Sache und diese Energie soll sich auch in den Autos widerspiegeln, „vom dynamischen Fahrwerk bis zum mitreißenden Design" (corporate identity portal, 2009).

3.2   Marktstrategien

3.2.1   Wettbewerbsstrategie und Marktbearbeitungsstrategie von Kieser Training

Kieser bearbeitet den Markt nach dem Prinzip der Marktspezialisierung: das Unternehmen hat sich darauf spezialisiert, die Bedürfnisse einer bestimmten Kundengruppe zu befriegen (SB, S.46). In diesem Fall ist Kiesers Imagekalkulation auf Leute ab 30 bis 55 Jahren ausgerichtet (Panzeri,2014,S. 8-9).

Bei Kieser-Trainings Wettbewerbsstrategie handelt es sich um die Differenzierungsstrategie. Die eigene Leistung wird einzigartig für ein Segment für ein vergleichsweise höheren Preis gestaltet.

3.2.2   Strategien nach der Produkt-Markt-Matrix nach Ansoff

Strategien, welche Kieser-Training auf Basis der Produkt-Markt-Matrix nach Ansoff anwendet, sind die Produktentwicklung und die Marktentwicklung.

Produktentwicklung

„Wir haben drei neue Maschinentypen entwickelt[...]für Sprunggelenk und Beckenboden [..] und da sind wir dran als Erste weltweit.", heißt es von Patrick Maier im Interview mit der Zeitschrift fitnessMANAGEMENT international (S.86-89). Das Unternehmen entwickelt neue Produkte für bestehende Märkte, dabei können Innovationen im Sinne echter Marktneuheiten vermarktet werden (Schlaffke & Plünnecke, S.49).

Marktentwicklung

Kieser-Training möchte weg von dem Image, dass die Anlagen nur für ältere und kranke Leute sind. „Das Vorurteil 'zu Kieser geht man nur wenn man alt und krank ist', ist natürlich ein Blödsinn. Dies gilt es mit dem Imagewechsel nun zu revidieren, denn unser Angebot richtet sich an eine viel breitere Kundenschicht", erklärt Werner Kieser im Interview mit der Zeitschrift werbewoche (Panzeri, S.8-9) . Kieser-Training möchte mit der neuen Werbekampagne hauptsächlich Leute zwischen 30-55 Jahren ansprechen,

„[...] solche, die konzentriert sind und einer Beschäftigung nachgehen." (fitnessMANA-GEMENT international, S.86-89).

4 Digitalisierung in der Fitness- und Gesundheitsbranche

11,6% der Deutschen sind Mitglied in einem Fitnessstudio (DSSV Pressemitteilung, 2016). In der Onlinewelt sollen bereits 45% aller Deutschen ein Online Fitness Programm oder ein Tool in Form einer App nutzen (Deloitte, 2014). "Bestehende Fitness-formate werden durch digitale Ansätze ergänzt und neue Marktteilnehmer mit rein digitalen Angeboten entwickeln neue Konzepte." heißt es von Karsten Hollasch, Partner und Leiter der Sport Business Gruppe bei Deloitte (Deloitte, 2017). Der Miteinbezug digitaler Mittel erlaubt es dem Fitnessanbieter, bestehende Angebote zu ergänzen, Arbeitsprozesse zu erleichtern und flexiblere Angebote für die Kunden zu gestalten.

Zu den ausgewählten Trends gehören: Apps, virtuelle Gruppenfitness, Chipkartensteuerung der Geräte, Smart Fitness und Online Fitness-Studios.

Durch verschiedene Fitness-Apps, welche den eigenen Trainingsplan speichern und Übungsausführungen erklären, könnte man die Mitgliederbetreuung ergänzen.

Virtuelle Gruppenfitnesskurse ermöglichen es dem Fitnessstudio, unabhängig vom Personal jederzeit einen Kurs anbieten zu können. Das Mitglied hat dadurch eine höhere Auswahl an Kursen.

Die Chipkartensteuerung von Geräten bietet den Kunden eine Zeitersparnis. Ebenfalls lassen sich dadurch Trainingshäufigkeit und Trainingserfolge digital dokumentieren.

Durch Smart Fitness in Form von Wearables und Smart Watches in Kombination mit Apps ließe sich für den Kunden eine 24-Stunden Betreuung einrichten. Die Fitness- und Lifestyledaten des Kunden werden dauerüberwacht und getrackt, der Kunde erhält eine Erinnerungsbenachrichtigung, sollte er nicht trainiert haben oder nicht das Tagesziel des Schrittzählers erreicht haben. Der Trainierende erfährt durch eine oft unzureichende Feedback-Schleife eine Belohnung in Form von Spielergebnissen, Aktivitätspunkten oder anderen künstlichen Ergebnis-Interpretationen (Nagel & Grieben, 2016).

Online-Fitnessstudios ermöglichen es den Kunden, an jedem Ort zu jeder Zeit, also standortunabhängig, ein Training zu absolvieren.

Aktuell sind digitale Anwendungen im Gesundheitsbereich und analoges Fitness-Training nach wie vor durch eine hohe Drop-Out-Quote gekennzeichnet (Nagel & Grieben, 2016). Eine Lösung des Drop-Out-Problems kann in der Verbindung von face-to-face -Coaching, der klassischen Trainingsbetreuung, und der digitalen Kommunikation liegen. Es könnte also die Chance bestehen, die Kündigungsquote zu minimieren, in dem man die Digitalisierung zur Kundenbindung und Betreuung in Form von Apps und Wearables ergänzt. Durch die ideale Verknüpfung von analogem Training (face-to-face) und digitalem Training soll für den Kunden ein Mehrwert geschaffen werden,der professionelle Umgang mit digitalen Technologien erfordert jedoch auch eine gezielte Kompetenzentwicklung des Personals (Nagel & Grieben, 2016).

Die Digitalisierung kann zur Motivationssteigerung genutzt werden und somit die Zufriedenheit der Kunden steigern. Insbesondere im Stadium des Trainingsbeginns kann das Messen von Aktivitäten und das Feststellen von Trainingsfortschritten ein wichtiges Element sein, die Trainingsmotivation zu verbessern (Nagel & Grieben, 2016).
Die Auswertung dieser Daten sollte jedoch durch Trainingsexperten begleitet werden, da die selbe Trainingsdosis bei verschiedenen Menschen unterschiedliche Wirkungen haben kann (Nagel & Grieben, 2016).

Technisierung und Digitalisierung kann unterstützend zur Arbeit der Trainer und Studioleiter eingesetzt werden. Zum Beispiel zu Tageszeiten, in denen das Studio personell schwächer besetzt ist, kann virtuelles Gruppenfitness-Training ohne Einsatz von Personal angeboten werden, auch wenn es die Arbeit eines qualifizierten Trainers im Endeffekt nie umfänglich ersetzen wird (DSSV, 2017).

Man kann zusammenfassen, dass die Digitalisierung als ergänzendes Tool genutzt werden kann um das Kündigungs- und Kundenbindungsmanagement zu optimieren und Arbeitsprozesse zu erleichtern. Es gilt dabei die Mitte zwischen analogem und digitalen Training zu finden, um das Optimum an Kundenzufriedenheit und Gewinn auszuschöpfen.

5   Literaturverzeichnis

Corporate Identity Portal (2009). *Opel: neues Logo mit dem Marken-Claim „Wir leben Autos".* Online seit dem 15.09.2009. Zugriff am 21.07.2017 unter http://www.ci-portal.de/opel-neues-logo-mit-dem-marken-claim-%e2%80%9ewir-leben-autos/

Corporate Identity Portal (2007). *Mercedes-Benz: Neues Erscheinungsbild.* Online seit dem 17.10.2007. Zugriff am 21.07.2017 unter http://www.ci-portal.de/mercedes-benz-neues-erscheinungsbild/

Deloitte GmbH (2014). *E-Health: Milliardenmarkt kommt in Bewegung.* Stuttgart/München.   Zugriff   am   21.07.2017   unter https://www2.deloitte.com/de/de/pages/presse/contents/E-Health-Milliardenmarkt-kommt-in-Bewegung.html

Deloitte GmbH (2016). *Deutsche Fitnessbranche weiter auf Überholspur.* Frankfurt/München.   Zugriff   am   21.07.2017   unter https://www2.deloitte.com/de/de/pages/presse/contents/studie-2016-der-deutsche-fitnessmarkt-2016.html

DSSV e.V. (2017). *Fitness-Trends 2017.* Hamburg. Zugriff am 21.07.2017 unter https://www.dssv.de/statistik/fitness-trends-2017/

DSSV e.V. (2016). *Eckdaten der deutschen Fitness-Wirtschaft 2016.* Hamburg. Zugriff am   21.07.2017   unter   https://www.dssv.de/index.php?eID=dumpFile&t=f&f=3439&token=7feab8d6ec6ec46a4ca34e2aa416d9a429205479

fitnessMANAGEMENT international (2014). Kieser Training – Imageanpassung. *Fit nessMANAGEMENT international,* 02/14, S.59-89

Nagel, N, Grieben, C (2016). *Digital Erfolgreich. Online seit dem 30.08.2016.* Zugriff am 21.07.2017 unter https://fitness-und-gesundheit.de/bericht_digitalerfolgreich-10283.html

Nagel, N, Grieben, C (2016). Digital Erfolgreich Teil 2: Fitness-Clubs und ihre digitalen Mitglieder- eine erfolgreiche Partnerschaft ? *Fitness und Gesundheit.- Online seit dem 24.10.2016. Zugriff am 21.07.2017 unter https://fitness-und-gesundheit.de/bericht_digitalerfolgreich-10340.html*

Page Online (2013). *Redesign für Vodafone.* Online seit dem 11.09.2013. Zugriff am 21.07.2017 unter *http://page-online.de/kreation/redesign-fuer-vodafone/*

Panzeri, A (2014). Mit Köpfchen. *Werbewoche, 05, 8-9*

*Schlaffke, Prof. Dr. phil. W. & Plünnecke, Prof. rer. pol. A. (2017) Studienbrief Marke ting 2 - unveröffentlichtes Studienmaterial.*Saarbrücken: Deutsche Hochschule für Prävention und Gesundheitsmanagement

Yves Rocher – Pressestelle (n.d.). *Neuausrichtung der Marke Yves Rocher.* Stuttgart. Zu griff am 21.07.2017 unter https://www.google.de/url?sa=t&rct=j&q=&esrc=s&source=web&cd=2&cad=rja&uact=8&ved=0ahUKEwjoofvuxZrVAhUD0xoKHbtVD-D8QFgg1MAE&url=http%3A%2F%2Fwww.yves-rocher.com%2Fdownload%2Fpress_center%2Fde_de_20110314_175006.pdf&usg=AFQjCNHFHU_tDJv9Y8v-zYQVwplCxTYBbcQ

6   Abbildungs- und Tabellenverzeichnis

6.1 Tabellenverzeichnis